FRAGMENT

HISTORIQUE.

PAR LE COMTE FLORIAN DE KERGORLAY.

JUIN 1842.

———•◦◦◦•———

Paris.

G.-A. DENTU, IMPRIMEUR-LIBRAIRE,
rue de Bussy, nº 17,
PALAIS-ROYAL, GALERIE VITRÉE, Nº 13.

1842.

AVANT-PROPOS.

J'ai été nommé dans une histoire comtemporaine, d'une manière qui m'a semblé exiger de moi quelques explications. Je les adressai à l'auteur, dans une lettre que je lui remis le 9 mars dernier à lui-même, et où je l'invitais à en faire usage dans la plus prochaine édition nouvelle de son livre. Je crois, en attendant, devoir publier moi-même cette lettre, en y joignant, comme documens nécessaires, celle que j'adressai le 29 septembre 1831 à Sa Majesté le roi Charles X, et un extrait de la défense que je prononçai le 13 février 1834, en Cour d'assises, devant le jury parisien, par lequel je fus acquitté.

ERRATA *de la brochure imprimée à Marseille en 1832.*

Page 9, ligne 12, au lieu de *je ne crois*, lisez *je crois*.

PARIS. — IMPRIMERIE DE G.-A. DENTU,
rue de Bussy, n° 17.

LETTRE

A L'AUTEUR

DE L'HISTOIRE DE LA VENDÉE MILITAIRE.

———

Paris, rue Saint-Dominique, 102.—Ce 9 mars 1842.

Monsieur,

Je vous eus, il y a plusieurs années, une obligation dont je demeurai très-reconnaissant : ce souvenir m'encourage à m'adresser à vous dans une occasion nouvelle.

Vous étiez en 1835, à Nantes, rédacteur en chef du journal *l'Hermine;* et vous y avez, en son numéro du 16 décembre, usé, pour reproduire ma lettre *sur les accusés de Niort*, du droit de publicité qui lui était acquis par la lecture qu'en avait faite le greffier à l'audience. Vous avez ainsi suppléé généreusement envers moi aux journaux parisiens que les persécutions obstinées du ministère public avaient empêchés de donner à cette pièce essentielle du procès, jugé le 10 octobre en Cour d'assises, la publicité légale qui m'était due.

Vous vous êtes ouvert depuis lors, dans votre *Histoire de la Vendée militaire*, une plus vaste carrière. Vous y avez rempli dignement la tâche que vous vous étiez imposée. Vous avez rendu un noble hommage à la fidélité et au courage, à toutes les vertus exercées, à toutes les souffrances endurées sous l'inspiration des sentimens les plus purs.

J'ai lu dernièrement le quatrième volume de cette *Histoire* (1), et j'y ai remarqué quelques passages qui m'ont paru exiger de moi quelques explications par lesquelles je crois concourir, en ce qui me concerne, à votre juste désir de rendre votre récit, dans tous ses détails, aussi exact qu'il soit possible.

Vous m'avez (page 468) nommé, avec d'autres personnes, comme ayant, depuis la révolution de juillet 1830, fait partie de divers comités qui s'occupaient à Paris des affaires publiques, et parmi lesquels tous les avis n'étaient pas toujours conformes les uns aux autres.

(1) *Histoire de la Vendée militaire*, par J. Crétineau-Joly; Paris, Hivert, quai des Augustins; Dentu, au Palais-Royal, tome IV, 1842.

— 4 —

Vous m'avez aussi nommé (page 480-482) comme ayant
assisté en Italie à quelques conférences dans lesquelles M. le
duc de Blacas donna communication d'un acte par lequel
S. M. le roi Charles X nommait régente du royaume S. A. R.
MADAME, duchesse de Berri.

Voici sur ces deux sujets, en ce qui m'est personnel, ce
que je puis dire.

Je sortis le 28 mai 1831 de ma première prison, à Sainte-
Pélagie, et je partis le 4 septembre suivant pour l'Italie avec
mon fils, qui avait pris, comme lieutenant d'artillerie, une
honorable part à la conquête d'Alger, et qui avait ensuite
refusé le nouveau serment imposé à l'armée, le jugeant ma-
nifestement contraire à celui qu'il avait précédemment
prêté.

Durant cet intervalle de mai à septembre 1831, je fus à
Paris, pour la seule fois de ma vie, membre d'un des comités que j'ai ci-dessus désignés. Dès avant ma sortie de prison, j'avais été invité à en faire partie : je résistai d'abord,
et cédai ensuite.

J'aurais désiré pouvoir persuader à mes collègues que la
plume et l'épée, les combats de l'éloquence et ceux des ar-
mes matérielles, devraient se considérer mutuellement non
comme des adversaires, mais comme des auxiliaires.

Je reçus d'eux, la première fois que j'assistai à leur réu-
nion, l'honneur d'être nommé leur président. — Nulles
convocations régulières n'ayant été indiquées, j'eus peu à y
exercer cette fonction, et je n'y fus témoin qu'une seule fois
d'une délibération sur un sujet important.

Je ne l'avais pas provoquée; mais elle me donna occasion d'y exprimer de la manière la plus précise, mon vif
désir que des motifs inspirés par la prudence la mieux in-
tentionnée ne vinssent pas mettre d'entraves à la réalisation
de l'intention que l'on pouvait croire dès lors à MADAME
d'entrer en France au plus tôt.

Je partis peu après pour l'Italie, et ne fus plus depuis lors
membre d'aucun comité.

Nous fûmes, mon fils et moi, à notre retour en France,
arrêtés en des lieux différens, moi sur terre le 1er mai 1832,
lui sur mer quelques jours plus tard, et jetés dans la même
prison, à Marseille, d'où nous fûmes successivement trans-
férés dans les prisons d'Aix et de Montbrison. Nous fûmes,
ainsi que tous nos co-accusés, rendus à la liberté par l'ac-
quittement général que prononça le jury de Montbrison, le
15 mars 1833.

Ce ne fut qu'alors que je revins à Paris, où je n'assistai
plus aux séances du comité dont j'avais précédemment fait
partie.

Quant aux conférences d'Italie, vous avez ajouté (dans les
pages 480-482 que j'ai déjà citées) que M. de Blacas y aurait

dit avec colère « que les pouvoirs dont il venait de donner
« communication lui avaient été conférés par le roi Char-
« les X, et que, si MADAME touchait le sol français, il la sui-
« vrait et se verrait dans la nécessité de les déposer à la pre-
« mière Cour royale qui se rencontrerait. »

Sur quoi je me serais écrié : « Dans cette hypothèse, mon-
« sieur le duc, si Son Altesse Royale suit mon avis, elle
« vous fera juger et fusiller. »

Je n'ai, sur les paroles que votre récit attribue à M. de
Blacas, nul témoignage à rendre, si ce n'est celui que je ne
l'ai jamais entendu les prononcer. Je n'ai donc pas eu lieu
de lui répondre celles que ce récit m'attribue à moi-même.
Je ne les lui ai en effet jamais adressées, et je n'ai jamais
entendu non plus nul autre les lui adresser.

J'ignore si, hors de ma présence, il aurait provoqué et
reçu de quelqu'autre cette réponse ; mais dans ce cas elle
ne m'appartiendrait pas davantage, et je ne crois, dans aucun cas, me devoir laisser attribuer des paroles qui ne
m'appartiennent point (1).

Voici ce qu'il y eut de réel dans la part que je pris à ces
conférences.

Lorsque je me rendis près de MADAME en Italie, en septembre 1831, je n'y avais pas été appelé par elle. J'y vins
pour lui demander, sur ses intentions ultérieures, l'éclair-
cissement que je croyais m'être nécessaire. Je la joignis aux
bains de Lucques ; et dès mon arrivée, je lui exposai le mo-
tif qui m'amenait. Je lui demandai si son intention était
d'entrer en France aussitôt que les moyens lui en seraient
offerts ; j'ajoutai que, dans le cas contraire, je devrais me
reconnaître inutile à son service, me sentant incapable d'en-
courager des espérances à la réalisation desquelles je ne
croirais pas.

Elle me répondit :

« Je n'ai quitté l'Angleterre que dans l'intention de satis-
« faire à l'engagement que j'avais pris, en 1828, envers les
« populations fidèles qui, pendant mon voyage d'alors en
« France, se pressaient autour de moi. Je leur avais promis
« de me retrouver au milieu d'elles, si jamais quelque péril
« commun me commandait d'y accourir.

« Pendant la minorité de mon fils (m'ajouta-t-elle), ma
« vie ne m'appartient pas ; elle appartient à lui et à la
« France, dont l'intérêt commun ne sera jamais qu'un seul
« et même intérêt pour moi. Je sens que mon devoir m'ap-

---

(1) Si, au reste, je l'avais entendu annoncer la conduite qu'il se serait proposé de tenir comme délégué de Charles X, et si j'avais cru
devoir donner un avis sur les conséquences de cette conduite, ce n'aurait pas été au délégué que j'aurais adressé cet avis, mais à Charles X
même.

« pelle en France : aussitôt que les moyens d'y entrer uti-
« lement me seront offerts, le péril ne m'arrêtera pas. »

Par cette réponse, conforme à mon désir et à mon espoir,
le but de mon voyage était rempli.

« Puisque vous voilà ici (me dit-elle alors), vous y assis-
« terez à des conférences qui doivent se tenir en ma pré-
« sence. »

Elle ne me donna nulle autre instruction que celle d'é-
couter ce qui s'y dirait, et d'y dire, sur ce que j'y enten-
drais, ce que je penserais.

Tout ce qui avait pu donner lieu à ces conférences était
donc antérieur au premier avis que je venais d'en recevoir.

J'y assistai, et y entendis la lecture de deux déclarations
de S. M. le roi Charles X, qui furent communiquées en son
nom de cette manière par M. de Blacas.

La première était celle du 24 août 1830, en date de Lull-
worth ; et la seconde celle du 27 janvier 1831, en date d'E-
dimbourg. Toutes deux étaient encore alors inconnues du
public, et furent publiées depuis par le général Dermoncourt (1).

On voit, dans la première, que Charles X « confirmait
« son abdication de Rambouillet, du 2 du même mois ; se
« réservait de pourvoir à la régence, lorsque besoin serait,
« jusqu'à la majorité de son petit-fils Henri V, appelé au
« trône par ledit acte de Rambouillet ; et déclarait que dans
« le cas où, avant cette majorité, il plairait à la Providence
« de disposer de lui, la mère de Henri V, sa fille bien-aimée,
« la duchesse de Berri, serait de droit régente du royaume. »

Par la seconde déclaration, en forme de circulaire, Charles X ordonnait « que les chefs de l'autorité civile dans les
« provinces se concerteraient avec les principaux chefs pour
« rédiger et publier une proclamation en faveur de Henri V,
« dans laquelle on annoncerait que MADAME, duchesse de
« Berri, serait régente du royaume pendant la minorité du
« roi son fils, et qu'elle en prendrait le titre à son entrée en
« France. »

A cette déclaration ou ordonnance était annexé un projet
d'organisation d'un conseil de régence.

Le but spécial de la conférence paraissait être de recueillir
sur ce projet les avis de ses membres ; et lorsque j'en entendis la lecture, j'y fus particulièrement frappé des dispositions suivantes : MADAME, reconnue régente, devait présider, avec voix prépondérante en cas de partage, un conseil
de régence composé de cinq membres, dont l'un devait être
M. de Blacas ; il devait en outre présider le conseil des mi-

____

(1) *La Vendée et Madame*, par le général Dermoncourt, 2e édition, etc.; Paris, Hivert, libraire-éditeur, quai des Augustins, no 55,
1834, p. 122-124 et 125.

nistres, et nul autre que lui ne devait être à la fois membre de ces deux conseils.

La voix prépondérante accordée à la régente me paraissait une balance insuffisante pour le maintien de son autorité, et je croyais voir toute la puissance effective concentrée dans celui qui, seul investi du privilége d'être membre à la fois des deux conseils et d'en présider un, pourrait facilement ainsi les dominer tous deux l'un par l'autre.

Et comme il était à présumer que M. de Blacas réglerait sa conduite sur les instructions qu'il recevrait de Charles X, on devait en conclure que la régence serait dirigée par le roi qui avait abdiqué la couronne.

Cette direction me semblait funeste; elle me semblait menacer de deux inconvéniens extrêmement graves : l'un, que la direction donnée dans l'exil par l'infortuné Charles X marcherait probablement dans les mêmes voies qui l'avaient conduit à sa perte; l'autre, que, quand même elle n'y marcherait pas, elle serait généralement réputée y marcher.

Quelques-uns des membres de la conférence où se discutait le projet d'organisation du conseil de régence, y firent des objections contre les restrictions imposées à la régente, et contre le pouvoir dominateur conféré à M. de Blacas, qui répondit que ce reproche lui était étranger, vu qu'il n'avait pris aucune part à la rédaction de ce *projet*, et qu'il l'avait trouvé tout rédigé à son retour à *Holy-Rood*, après une petite absence. — Il s'en était toutefois rendu porteur, et paraissait naturellement ainsi en avoir accepté la responsabilité.

Après avoir entendu les objections que je viens de rapporter, et y avoir déclaré mon adhésion, j'y ajoutai qu'une abdication étant par sa nature un acte irrévocable, je pensais qu'un roi qui avait abdiqué ne devait pas ensuite, par l'établissement d'un conseil de régence et d'un conseil des ministres dans sa dépendance, s'efforcer de ressaisir l'autorité sous une autre forme.

M. de Blacas avait déclaré, au commencement de cette première conférence, qu'il ne délivrerait aucune copie des deux déclarations et documens annexés dont il allait faire donner lecture, et qu'aucun procès-verbal de ce qui se pourrait dire ensuite ne serait dressé. Ce refus de faire connaître d'une manière authentique au roi Charles X ce qu'aurait dit chacun des membres de la conférence, me détermina à annoncer, après avoir émis mon opinion, que je me ferais un devoir de la rédiger par écrit, et de l'adresser respectueusement à mon ancien roi, dont j'avais cessé d'être sujet par le fait de son abdication en faveur de son petit-fils. M. de Blacas essaya de combattre la résolution que je venais d'exprimer, et j'y persistai.

Le lendemain, à l'ouverture de la seconde conférence,

M. de Blacas fit donner lecture d'une rédaction de ce qui s'était dit dans la première, et me demanda ensuite si j'y avais reconnu, fidèlement répétée, l'opinion que j'avais émise. Je lui répondis que je l'avais reconnue, exposée d'une manière succincte, mais fidèle. — Il me demanda alors si je ne croirais donc pas superflu de l'adresser moi-même à Charles X : je lui répondis que je la lui adresserais néanmoins certainement.

En effet, ce qui venait d'être lu aux membres de la conférence ne fut pas offert à leurs signatures, qui seules pouvaient lui donner l'authenticité d'un procès-verbal ; et la transmission n'en fut pas non plus remise à leurs soins.

J'adressai donc à Charles X, le 29 septembre 1831, une lettre où je lui exposai fidèlement, avec quelques développemens de plus, l'opinion que j'avais émise dans la première des conférences dont je viens de parler.

Je joins ici une copie de cette lettre. (*V*. la note I, p. 11.)

J'ignorais si elle était parvenue à sa destination, lorsque je sus en 1835, par un homme d'honneur parfaitement véridique, qu'il l'avait remise lui-même en son temps à Charles X, en avait reçu de lui communication, et lui avait conseillé de n'y pas répondre. En recevant cette information, je répondis que je ne m'étais jamais supposé aucun droit de compter sur une réponse à cette lettre ; mais que j'avais cru remplir un devoir en l'écrivant, et y rendant compte à Charles X de l'opinion que j'avais exprimée dans les conférences auxquelles je venais alors d'assister.

Je déposai au reste un peu plus tard cette même opinion dans une brochure que je publiai le 24 août 1832 à Marseille, pendant que j'y étais prisonnier (1). — J'y disais (page 14) « qu'un roi qui a abdiqué la couronne en faveur d'un enfant « mineur n'a pu, en l'abdiquant, se réserver aucun droit au « gouvernement pendant la minorité de son successeur. »

J'y ajoutais (page 15) « que la régence des mères, pendant « la minorité de leurs enfans, est toujours celle qu'indiquent « tous les sentimens naturels ; mais que, pour un jeune roi « dénué de tout autre parent habile à prétendre à la régence, « celle de sa mère serait aussi la régence nécessaire. »

Je joins ici un exemplaire de cette brochure, qui contient avec plus d'étendue des considérations relatives à l'application de cette opinion.

Je joins en outre ici, comme commentaire à la manière dont je me suis exprimé sur mon ancien roi Charles X, dans la lettre que je lui adressai des bains de Lucques, et dans la brochure que je publiai à Marseille, un exemplaire de la *Défense* que je prononçai en Cour d'assises, le 13 février 1834,

---

(1) *Réponse du comte F. de Kergorlay, à un libelle calomnieux publié contre lui au Moniteur du 9 mai 1832, par l'autorité du ministre de la guerre.* Marseille, imprimerie d'Hippolyte Bousquet, 1832.

et qui a été insérée dans le supplément à *la Quotidienne* du 14 du même mois. On voit dans cette *Défense*, p. 4, 5 et 6, et dans le supplément à *la Quotidienne*, p. 1, col. 1 et 2, le passage (commençant par les mots *mais on veut colorer*, et se terminant par les mots *devraient être imputées*) qui contient particulièrement ce commentaire (*V.* la note II, p. 14.)

Je rappelai ce même passage de ma *Défense* d'alors en ces termes dans *la Quotidienne* et dans *l'Echo français* du 17 janvier 1835 : « Le 13 février dernier, lorsque je comparus « encore une fois devant la Cour d'assises, je voulus, dans « ce dernier asile de la liberté en France, user de la haute « position d'un accusé pour rendre un nouvel hommage à la « loyauté de mon ancien roi, en le défendant contre l'accu- « sation de parjure. Sur ce que je proférai à ce sujet, le mi- « nistère public, mon ardent accusateur, ne hasarda pas une « parole pour essayer de me réfuter. »

Après la fin des conférences des bains de Lucques, je pris congé de MADAME. Elle ne m'avait pas appelé près d'elle ; mais elle daigna m'exprimer quelque regret de ce que je voulusse m'en éloigner. Je lui représentai qu'après un dissentiment aussi grave que celui qui s'était manifesté entre M. de Blacas et moi pendant les conférences, je ne pourrais, si je demeurais près d'elle en même temps que lui, éviter de paraître y donner un acquiescement tacite à des doctrines politiques trop opposées aux miennes pour que je pusse consentir à me les laisser attribuer.

MADAME consentit à mon départ.

Le lendemain, de bon matin, elle m'envoya chercher. « Blacas part (me dit-elle) ; ne resterez-vous pas ? » — « S'il « se retire lui-même (répondis-je), je suis alors soumis aux « ordres de MADAME. »

Mais, le jour suivant, M. de Blacas avait changé d'avis, et ne partait plus. — Je partis donc, comme je l'avais d'abord annoncé.

Cependant, quelques semaines plus tard il n'était plus avec elle. J'ai toujours ignoré comment elle s'était alors séparée de lui.

Elle continua ainsi sans lui son voyage en Italie, alla à Rome, à Naples, et revint ensuite à Massa, où elle avait déjà fait précédemment, avant de venir aux bains de Lucques, une courte résidence. Je me retrouvai près d'elle dans chacun de ces séjours. J'y appréciai chaque jour davantage la grandeur de son courage, la pureté de son amour pour son fils et pour la France, la sincérité dans sa recherche des moyens de les rendre heureux l'un par l'autre.

J'ai retrouvé, dans la publication récemment faite par M. le baron de Charette (1), la Déclaration qui fut adressée

(1) *Journal milit. d'un chef de l'Ouest*, contenant la vie de MADAME, duchesse de Berry, en Vendée, par le baron de Charette. Paris, Dentu.

en 1831, par Marie – Caroline, aux Français. Je n'en avais pas été le rédacteur; mais j'y avais reconnu avec une vive satisfaction les deux loyales assurances du libre vote des impôts, et du concours de la nation aux actes législatifs : j'ai toujours, en effet, comme Breton et comme Français, comme homme libre et comme sujet fidèle, considéré ces deux articles fondamentaux de la Charte de Louis XVIII comme les principales, justes et indispensables bases, dans notre monarchie tempérée, de l'union cordiale et de la confiance mutuelle entre notre nation et ses rois.

Pendant le dernier séjour de MADAME à Massa, M. le duc de Blacas y reparut à l'improviste; mais les temps avaient marché, et il ne s'y arrêta que deux ou trois jours.

J'ignore si ma lettre écrite des bains de Lucques avait irrité Charles X ; mais je sais que le mécontentement qu'elle aurait pu lui causer contre son auteur ne s'était point étendu à MADAME.

Lorsque, dans votre livre, vous parlez des derniers momens qui précédèrent son départ pour la France, vous dites (t. 4, p. 513-514), avec une parfaite vérité, que, « pour lui « donner le dernier encouragement, Charles X venait à son « tour; que le vieux roi, du fond de son exil, bénissait les « efforts de sa fille, et faisait de nobles vœux pour elle. »

MADAME, à cette époque, me mit en main et je lus en sa présence la dernière lettre qu'elle venait de recevoir de lui, et où il lui exprimait ces sentimens avec la plus grande tendresse.

Nous éprouvâmes, mon fils et moi, dans nos prisons, la douleur à tous deux commune d'être alors, par elles, séparés de Marie – Caroline. Aucun de ses actes héroïques ne nous a surpris : nous l'y avons reconnue, quand nous les apprîmes, telle que nous l'avions pressentie.

Je termine ici, monsieur, les explications que j'ai désiré vous donner : je vous aurai beaucoup d'obligation si vous voulez bien les joindre, comme pièces justificatives, au quatrième volume de votre ouvrage, dans la plus prochaine édition nouvelle que l'empressement du public à vous lire pourra bientôt réclamer de vous.

Veuillez agréer, monsieur, les nouvelles assurances de ma considération très-distinguée.

Le comte FLORIAN DE KERGORLAY.

NOTES.

Note I, page 8.

A SA MAJESTÉ LE ROI CHARLES X.

SIRE,

J'ai assisté ici à quelques conférences qui ont été tenues dans les intérêts de Henri V et de la France, en présence de la mère de son jeune Roi. Dans une de ces conférences il a été donné lecture de deux déclarations, l'une en date du 24 août 1830, l'autre postérieure, par lesquelles VOTRE MAJESTÉ annonce son intention de nommer MADAME régente, et de régler les conditions de cette régence.

Personne ne saurait avoir appris avec plus de douleur que moi le malheureux acte du 2 août 1830, par lequel VOTRE MAJESTÉ abdiqua la couronne de France. Cet acte, par sa nature, ne semblait pas rétractable; il ne fut d'ailleurs pas rétracté après l'arrivée de VOTRE MAJESTÉ sur la terre étrangère. Il ne resta à vos fidèles sujets qu'à se résigner. Ils comprirent que VOTRE MAJESTÉ n'ayant soumis à aucune réserve ce dernier acte de volonté souveraine, avait abdiqué à la fois toutes les fonctions de la royauté. J'émis donc, dans la conférence dont je viens de parler, l'opinion que VOTRE MAJESTÉ, en abdiquant la couronne, n'avait pu conserver ni le pouvoir de nommer à la régence, ni celui d'en régler les conditions.

Il est vrai que VOTRE MAJESTÉ, par l'acte même de son abdication, nomma Monseigneur le Duc d'Orléans lieutenant-général du Royaume, et l'on peut dire aussi que cette nomination funeste ne fut pas contestée. Je ne me propose pas d'examiner ici si elle devait l'être : les exemples au reste que les dispositions testamentaires de nos Rois, relatives à la régence, n'aient pas été suivies après leur mort, ne manquent pas dans notre histoire. Mais quand on admettrait comme incontestable la validité de la nomination d'un lieutenant-général du royaume contenue dans l'acte même de l'abdication, il ne résulterait pas de là que l'on pût soutenir la validité de nouvelles dispositions du Roi, relatives à la régence, qui porteraient une date postérieure à celle de son abdication. A la vérité Monseigneur le Duc d'Orléans s'étant, par le crime de son usurpation, rendu à jamais indigne de la lieutenance-générale du royaume que VOTRE MAJESTÉ lui avait confiée, on pourrait concevoir qu'au moment même où le Roi aurait appris cette indignité, il eût cru devoir se reporter à l'époque, antérieure de peu de jours, à laquelle il avait fait cette nomination, et suppléer à son annullation nécessaire, en lui en substituant une nouvelle, sans prendre en considération quelques jours écoulés dans l'intervalle ; mais la fiction par laquelle on se reporterait à un temps écoulé depuis peu de jours ne peut s'étendre avec la moindre vraisemblance à un délai de plus d'un an, et il faut bien qu'après un silence si prolongé la réalité remplace la fiction.

La réalité est que, l'abdication d'un Roi étant sa renonciation volontaire à l'exercice des fonctions royales, il a renoncé en abdiquant à tout exercice ultérieur de la fonction royale de disposer de la régence. La renonciation de Monseigneur le Dauphin à ses droits à la couronne de France en faveur de son neveu, équivaut, pendant la durée de la vie de Henri V, à son abdication complète, et doit en conséquence avoir, relativement à la régence actuelle, les mêmes effets.

Que si, de l'examen de la validité, on passe à celui de l'opportunité, je crois ne devoir pas reculer devant le douloureux devoir de dire que, dans la disposition actuelle des esprits en France, la publication d'ordonnances par lesquelles VOTRE MAJESTÉ conférerait la régence et en réglerait les conditions, aurait un effet funeste. Le public n'y verrait qu'un effort pour associer le nouveau règne au système qui a perdu le règne précédent.

Ce système avait perdu Jacques II en Angleterre : il consiste dans la supposition d'un pouvoir constituant, fondé sur le droit divin, qui unirait en soi la triple faculté d'octroyer une Charte, de la jurer, et de la retirer ensuite. Je sais bien que VOTRE MAJESTÉ n'a voulu ni cru violer la Charte, et que, se fondant sur l'ambiguité de l'article 14, elle a cru demeurer fidèle à la Charte même en adoptant l'interprétation de cet article, qui lui a semblé la meilleure. Je crois que ses ministres en ont adopté avec la même sincérité la même interprétation ; mais je sais aussi que cette interprétation n'a été adoptée que par une bien petite partie de la nation, et qu'elle a paru, au plus grand nombre des Français, trop paradoxale, et contradictoire avec le principe même de la Charte, ainsi qu'avec l'adage connu, exprimé dans nos anciennes coutumes par ces paroles concises : DONNER ET RETENIR NE VAUT.

J'ai souvent eu occasion, et notamment dans les cent jours, de m'expliquer publiquement sur la préférence à donner aux Constitutions octroyées ou aux Constitutions extorquées. J'ai toujours exprimé, avec autant de force que j'en ai été capable, mon indignation contre l'ignoble système des Constitutions extorquées, et j'ai toujours ajouté, avec la même chaleur, que les Constitutions octroyées reposent sur la base la plus sûre de toutes les garanties, l'honneur royal.

La malheureuse controverse sur l'interprétation de l'article 14 a gravement altéré, dans la généralité des esprits, la sûreté de cette garantie. Je n'ai pas cessé, depuis la dernière révolution, d'être convaincu que le seul obstacle qui s'oppose au rétablissement de Henri V sur le trône de ses pères, par acclamation, est la difficulté de persuader à la nation que ni lui ni sa mère n'adopteront jamais le système qui attribue à un roi un pouvoir constituant également capable d'octroyer une Charte, de la jurer, et de la retirer ensuite.

Les diverses considérations, fondées sur notre droit public et sur l'utilité de l'Etat, que je viens d'exposer, m'ont déterminé à émettre, dans les conférences auxquelles j'ai assisté ici, l'opinion que la mère de Henri V devait se proclamer elle-même régente du royaume en vertu de son droit, que personne ne lui pouvait contester, sauf à accepter, si les états-généraux du royaume lui en faisaient la demande, telles limitations à ses fonctions de régente qui, d'accord entre elle et eux, seraient jugées convenables. J'ai cité, à l'appui de mon opinion que MADAME devait et aurait dû depuis long-temps se proclamer elle-même régente, l'exemple de Louis XVIII, qui se proclama régent pendant la minorité de Louis XVII aussitôt après la mort de Louis XVI. Plusieurs personnes sans doute, et j'étais du nombre, n'approuvèrent pas M. le comte de Provence d'avoir, en prenant le titre de régent, enfreint les droits de la reine-mère captive, et pensaient qu'il eût agi plus convenablement s'il eût pris seulement le titre de lieutenant-général du royaume; mais s'il s'éleva des contestations sur la convenance du titre qu'il prenait, il ne s'en éleva aucune sur son droit à le prendre par sa propre autorité : il fut approuvé grandement et unanimement de n'avoir pas attendu son retour en France pour proclamer son droit et son devoir, comme premier héritier du trône, de pourvoir autant qu'il était en lui au gouvernement de l'Etat, soit pendant la durée de la captivité de la reine, soit après la malheureuse issue de cette captivité.

J'ai cru d'autant plus de mon devoir d'exposer respectueusement à VOTRE MAJESTÉ l'opinion que j'ai émise relativement à la régence, qu'il a été refusé aux membres de la conférence de dresser procès-verbal des opinions qu'ils ont émises à ce sujet.

Je suis, Sire,

De VOTRE MAJESTÉ,

Avec la vénération profonde que je lui portais quand j'osais me compter au nombre de ses plus fidèles sujets,

Le plus humble, le plus obéissant et le plus dévoué serviteur,

Le comte F. DE KERGORLAY.

Des bains de Lucques, le 29 septembre 1831.

Note II, *page* 9.

EXTRAIT

de la Défense du comte Florian DE KERGORLAY, *prononcée à la Cour d'assises de la Seine, audience du* 13 *février* 1834.

Chez Dentu, libraire au Palais-Royal, et Hivert, libraire, quai des Augustins.—Paris, imprimerie d'Aug. Auffray, p. 4, 5 et 6.

(*Supplément à* la Quotidienne *du* 14 *février* 1834, *p.* 1, *col.* 1 *et* 2.)

« Mais on veut colorer la violation de serment en l'imputant au roi qu'on a expulsé.

Pour ma part, lorsque les ordonnances du 25 juillet apparurent, j'en fus frappé comme d'un évènement funeste.

Celle qui substituait aux lois électorales un nouveau mode d'élection des députés, me parut ouvertement contraire à l'article 35 de la Charte.

Celle qui cassait une Chambre des députés nouvelle avant même qu'elle se fût rassemblée, me sembla contraire sinon au texte même de la Charte, du moins à son esprit.

Celle enfin qui suspendait la liberté de la presse périodique ne m'aurait semblé conciliable avec l'état de la législation, qu'autant qu'elle aurait pu, dès l'ouverture de la session suivante, être soumise à la révision d'une Chambre constitutionnellement élue.

Mais l'équité commande envers tous les hommes de ne pas juger leurs actions en les isolant des circonstances qui les ont précédées, et des faits indépendans de leur volonté qui les ont précipités dans des difficultés qu'ils n'ont pas pu résoudre.

Ceux qui, depuis la révolution de juillet, se sont donné à eux-mêmes le nom des *comédiens de quinze ans,* étaient convaincus qu'il était impossible de renverser la royauté légitime, s'ils ne la poussaient pas à entrer dans des voies inconstitutionnelles : ils y firent tous leurs efforts.

Le ministère du 8 août fut, dès le moment même de sa formation, l'objet d'attaques envenimées ; à défaut d'actes répréhensibles, on lui imputa des intentions coupables. On le harcela en lui répétant sans cesse que sa nature était telle qu'il lui était impossible de gouverner par les voies légales : on espérait ainsi le déterminer à en sortir.

Charles X ne croyait pas devoir céder aux préventions qu'il voyait se répandre contre son ministère : c'est qu'il les croyait injustes ; et en effet il est incontestable que, jusqu'aux fatales ordonnances, « jamais le respect pour les lois, pour « les droits individuels, pour la liberté la plus absolue de la

« presse, n'avait été plus religieusement observé ; que jamais
« il n'y avait eu moins de destitutions et moins de procès
« politiques (1). »

La Charte a déclaré « qu'aucun impôt ne peut être établi
« ni perçu, s'il n'a été consenti par les Chambres (2). »

Nul État ne pourrait subsister, si l'administration était
privée de tout moyen de pourvoir aux dépenses publiques.

Le roi a pu penser que l'interprétation sincère du droit
des Chambres de voter librement l'impôt, n'était pas qu'elles
se fissent du refus de l'impôt un instrument pour le contraindre à renvoyer des ministres qui n'auraient fait aucun
acte inconstitutionnel.

Les associations qui s'étaient formées pour le refus de
payer tout impôt qui n'aurait pas été voté par les Chambres,
lui paraissaient décéler l'espérance que les Chambres use-
raient du refus de l'impôt pour contraindre le roi à renvoyer
ses ministres.

La Charte déclare « que le roi est le chef suprême de l'E-
« tat (3) ; qu'à lui seul appartient la puissance exécutive (4);
« qu'il nomme à tous les emplois d'administration publi-
« que (5). »

Charles X a pu croire, d'après ces dispositions de la
Charte, qu'elle voulait que le roi choisît librement ses ministres.

Il put se croire comptable envers la nation de la conser-
vation de l'autorité royale, et la considérer, dans les limites
posées par la Charte, comme la protectrice naturelle et la
plus solide garantie de toutes nos libertés.

Il voyait de plus, dans l'article 14 de la Charte, « que le
« roi fait les ordonnances nécessaires pour la sûreté de l'E-
« tat ; » et croyant la sûreté de l'Etat compromise par les
atteintes qui seraient portées à la liberté du roi de choisir
ses ministres, il put aussi se croire comptable de tout ce
qu'il ne ferait pas pour maintenir cette sûreté.

L'adresse des deux cent vingt-un survint ; Charles X crut
y voir un refus de concours : il put interpréter ce refus de
concours comme une déclaration faite par la Chambre des
députés qu'elle refuserait tout impôt, s'il ne renvoyait pas
ses ministres.

Un des commissaires de la Chambre des députés pour
l'accusation des ministres, évitant de s'expliquer sur le refus
de concours, se borna à demander « qui donc pouvait con-
« tester à la Chambre le droit de dire au monarque que son
« ministère n'avait pas la confiance publique (6)? »

Cette réticence de l'accusation montre assez quel était le

(1) Opinion prononcée par M. le comte de Chabrol-Crousol, à la
séance de la Chambre des pairs du 12 janvier 1832, dans la discussion
du projet de loi relatif au roi Charles X et à sa famille. Paris, imprim.
de Décourchant, rue d'Erfurth, n° 1, près de l'Abbaye, p. 10.
(2) Article 48.   (3) Article 14.   (4) Article 13.   (5) Article 14.
(6) Séance de la Cour des pairs du 20 décembre 1830, 3e supplément
au Moniteur du 21 décembre, p. 1790, col. 2, lig. 4 et 5, et 36-38.

problême dont la Chambre accusatrice se croyait forcée d'éluder la solution.

On peut douter, et moi - même j'en doute, que les deux cent vingt-un, faible majorité d'une Chambre composée de quatre cent trente membres, eussent tous, d'une manière invariable, la résolution de refuser tout impôt si le ministère qui ne leur plaisait pas, et à qui cependant ne pouvait être reprochée alors la violation d'aucune loi, n'était pas changé.

On peut penser, et c'est ce que je pense moi-même, qu'en tout cas il valait mieux attendre, sans sortir des voies constitutionnelles, le refus de l'impôt; qu'alors le roi, mieux assuré d'être et de paraître irréprochable, se serait présenté à la nation avec bien plus d'avantage pour obtenir d'elle, à défaut du vote d'une Chambre mal disposée, les subsides nécessaires pour pourvoir aux besoins indispensables du pays.

On peut donc penser que Charles X, en croyant certaine la résolution de la Chambre de refuser l'impôt, pouvait bien se tromper; mais on ne peut pas contester qu'une société est dissoute, quand elle est privée de tout moyen de pourvoir aux dépenses nécessaires de l'association.

Charles X usa d'abord, par la dissolution de la Chambre, du moyen constitutionnel de consulter les électeurs; puis, ayant vu revenir en majorité soit les mêmes députés, soit d'autres à qui on attribuait des dispositions semblables, il se crut arrivé au moment où, deux articles de la Charte étant devenus inconciliables l'un avec l'autre, il était réduit à l'obligation de choisir, non pas s'il demeurerait fidèle à la Charte ou lui deviendrait infidèle, mais quel était, entre deux de ses articles s'excluant l'un l'autre, celui qu'il devait se résoudre à abandonner.

Quand on se croit réduit à cette alternative, on peut se tromper sans doute en s'y croyant réduit; on pourrait même se tromper aussi sur le choix à faire en cette douloureuse perplexité; mais enfin l'erreur sincère n'est pas un crime : se trouver, par un obstacle indépendant de sa propre volonté, dans l'impuissance de remplir à la fois deux engagemens qui semblaient compatibles l'un avec l'autre quand ils furent contractés, c'est éprouver un grand malheur, ce n'est pas commettre un parjure.

Et si la mauvaise foi doit être imputée à quelqu'un, ce n'est pas à celui qui subit malgré lui un obstacle qu'il ne peut surmonter, mais à ceux qui, pour le pousser à des mesures illégales et le mener pas à pas, comme par la main, jusqu'à l'abîme, le lui auraient volontairement suscité; c'est à ceux qui, en créant cet obstacle, auraient violé volontairement eux - mêmes l'engagement qui leur était commun avec lui et qu'ils l'auraient empêché de remplir,
vaise foi et la responsabilité du désordre p
être imputées.

FIN.